BEI GRIN MACHT SICH IHR WISSEN BEZAHLT

- Wir veröffentlichen Ihre Hausarbeit, Bachelor- und Masterarbeit
- Ihr eigenes eBook und Buch - weltweit in allen wichtigen Shops
- Verdienen Sie an jedem Verkauf

Jetzt bei www.GRIN.com hochladen und kostenlos publizieren

Bibliografische Information der Deutschen Nationalbibliothek:

Die Deutsche Bibliothek verzeichnet diese Publikation in der Deutschen Nationalbibliografie; detaillierte bibliografische Daten sind im Internet über http://dnb.d-nb.de/ abrufbar.

Dieses Werk sowie alle darin enthaltenen einzelnen Beiträge und Abbildungen sind urheberrechtlich geschützt. Jede Verwertung, die nicht ausdrücklich vom Urheberrechtsschutz zugelassen ist, bedarf der vorherigen Zustimmung des Verlages. Das gilt insbesondere für Vervielfältigungen, Bearbeitungen, Übersetzungen, Mikroverfilmungen, Auswertungen durch Datenbanken und für die Einspeicherung und Verarbeitung in elektronische Systeme. Alle Rechte, auch die des auszugsweisen Nachdrucks, der fotomechanischen Wiedergabe (einschließlich Mikrokopie) sowie der Auswertung durch Datenbanken oder ähnliche Einrichtungen, vorbehalten.

Impressum:

Copyright © 2003 GRIN Verlag
Druck und Bindung: Books on Demand GmbH, Norderstedt Germany
ISBN: 9783668671591

Dieses Buch bei GRIN:

https://www.grin.com/document/417890

Trixy Freude

Der kulturelle Wert von Fernsehunterhaltung. Neil Postman in der Guckguck-Welt

GRIN Verlag

GRIN - Your knowledge has value

Der GRIN Verlag publiziert seit 1998 wissenschaftliche Arbeiten von Studenten, Hochschullehrern und anderen Akademikern als eBook und gedrucktes Buch. Die Verlagswebsite www.grin.com ist die ideale Plattform zur Veröffentlichung von Hausarbeiten, Abschlussarbeiten, wissenschaftlichen Aufsätzen, Dissertationen und Fachbüchern.

Besuchen Sie uns im Internet:

http://www.grin.com/

http://www.facebook.com/grincom

http://www.twitter.com/grin_com

Neil Postman in der Guckguck-Welt

von

Trixy Freude

Februar 2003

Hausarbeit im Fach Kommunikation und Medienkultur

Inhaltsverzeichnis

Einleitung 3
1 Der Diskurs / Die Wortkultur 3
2 Das Fernsehen / Die Bildkultur 5
3 Bildkultur vs. Wortkultur 7
4 Resümee 9
Literatur 10

Einleitung

Im Zeitalter von Reality-TV und medienwirksamen Politiker-Fernsehduellen ist die Frage nach dem kulturellen Wert von Fernsehunterhaltung aktuell wie nie. Für den Medienökologen und -Kritiker Neil Postman ist die Antwort auf diese Frage leicht: es gibt keinen. Im Gegenteil: das Fernsehen ist, als Teil einer technologischen Ideologie, ein Feind der Kultur. (vgl. Postman 2000, S. 192) Postmans Kulturkritik kann als ein Ausdruck der Furcht vor einer Medienrevolution begriffen werden. Die Angst vor der Zerstörung einer bestehenden Kultur durch das Aufkommen einer neuen ist allerdings nicht neu: Sie begann bei Platons Kritik an der Dichtkunst (vgl. Faulstich 2000, S. 172f) und endet noch lange nicht bei der Sorge, Hypertext könnte irgendwann das Buch ersetzen. (vgl. Hautzinger 1999, S. 116) Im Folgenden soll die Frage gestellt werden, inwieweit Postmans These zutrifft, dass die Bildkultur des Fernsehens die Wortkultur des Buches nicht nur bedroht, sondern gar verdrängt.

1 Der Diskurs / Die Wortkultur

Seit der Erfindung des Buchdrucks prägte die Buchkultur jahrhundertelang die kulturelle Entwicklung. Eine Hoch-Zeit der von Literalität beeinflussten Kultur sieht Postman im öffentlichen Diskurs im Amerika des 19. Jahrhunderts. Als Beispiel führt er eine Debatte zwischen Abraham Lincoln und seinem politischen Gegner Stephen A. Douglas an, die typisch für die damals vorherrschende, vor Publikum stattfindende Redekultur gewesen sei. Diese Diskussionen, Vorträge und Reden dauerten laut Postman oftmals viele Stunden lang und stellten an die Zuhörer erhebliche Anforderungen. Postman mutmaßt daher, ihre Aufmerksamkeitsspanne sei „nach heutigen Maßstäben offenbar außerordentlich groß" gewesen (Postman 2000, S. 62) und: „Die Zuhörer bei den Lincoln-Douglas-Debatten waren mit den zur Diskussion stehenden Problemen offenbar gut vertraut, sie besaßen historische Kenntnisse und wußten über komplizierte Sachverhalte Bescheid." (ebd., S. 63) Indizien dafür sieht Postman darin, dass das Publikum die „rhetorischen Spitzen" gewisser diskutierter Inhalte nur hätte verstehen können, wenn es bestimmte Gerichtsentscheidungen und andere Reden kannte und diverses ähnliches Hintergrundwissen besaß. (vgl. ebd.) Beweise dafür, dass das Publikum tatsächlich über all diese Informationen verfügte, hat Postman allerdings nicht. Da solche Debatten oft im Rahmen von Jahrmärkten und anderen besonderen Anlässen stattfanden, dürfen zumindest Zweifel angebracht sein, ob das Publikum tatsächlich nur aus bildungshungrigen Zuhörern bestand oder vielleicht auch den Unterhaltungswert der öffentlichen Diskussionen genoss. Dazu schreibt Ingomar Robier in seinem Buch „Die Wortkultur und ihre Widersacher":

> „Sie waren in dieser ihrer Motivation nicht unähnlich einem modernen Fernsehpublikum, das in der Hoffnung, sich bei einem verbalen Schlagabtausch zu amüsieren, Diskussionen von politischen Kandidaten auf dem Bildschirm verfolgt, nur mit dem Unterschied, dass die Zuhörer im puritanischen Neuengland des 19. Jahrhunderts keine vergleichbar amüsante Programmalternative zur Gestaltung eines kurzweiligen Abends besaßen." (Robier 2000, S. 54)

Auch Postman selbst, der in der Unterhaltungskultur des Fernsehens (vgl. Abschnitt 2) eine Gefahr sieht, bemerkt, dass beispielsweise Romanautoren wie Walter Scott oder Charles Dickens bei öffentlichen Auftritten bejubelt wurden, und zwar mit „einer Begeisterung, wie sie heute einem Fernsehstar, einem prominenten Football-Spieler oder Michael Jackson zuteil wird". (Postman 2000, S. 54) Und das, obwohl „das Lesen von Romanen als ein eher fragwürdiger Zeitvertreib galt." (ebd.)

Der öffentliche, politische Diskurs ist Postmans hauptsächliches und von ihm immer wieder benutztes Beispiel für das intellektuelle Niveau seiner Landsleute im 19. Jahrhundert. Es ist auch sein Beispiel für den Wert einer von Buchdruck und Buchbildung geprägten Kultur. Seine Weltsicht, die sich hierin äußert, ist, wie der Kommunikationswissenschaftler Gerhard Maletzke in seiner Streitschrift „Kulturverfall durch Fernsehen?" schreibt, eine gängige unter vielen zeitgenössischen Kulturkritikern: Das Lesen ist nützlich, und „Fernsehen ist schlecht, gefährlich, verderblich." (Maletzke 1988, S. 14)

Laut Postman hat das Fernsehen negativen Einfluss auf (Schul-)Bildung, Erziehung, Leserverstand (der zur Zeit des öffentlichen Diskurses besonders stark ausgeprägt war), auf unsere herkömmlichen Vorstellungen von Kindheit und Erwachsensein und somit alles in allem auf die Kultur insgesamt. Robier beschreibt Postmans Fixierung auf das Buch als den Hauptträger der Kultur als ein „idealisiertes Konstrukt" (Robier 2000, S. 45f), das von Medienwirkungstheorien ausgeht, über die es „nach wie vor höchst widersprüchliche Auffassungen" gäbe. (ebd.)

Festzuhalten bleibt, dass man Postmans (kaum belegte!) Ansichten vom gebildeten Publikum, das geprägt war durch den nur durch die Buchkultur überhaupt möglichen öffentlichen Diskurs, ebenso kritisch sehen sollte wie sein Postulat, die Wortkultur sei der Bildkultur überlegen. Diese Auffassung wird bestimmt von Postmans Ansicht (die sich eng an Marshall McLuhans berühmte Aussage „Das Medium ist die Botschaft" anlehnt), dass Medien durch die Art, wie sie vermittelt werden, wirken und nicht durch ihre Inhalte. Im Hinblick auf das Fernsehen meint Postman hier vor allem die Frage nach der Qualität des Mediums, wenn er schreibt, das Fernsehen, wenn es erfolgreich sein will, „...nichts mit dem zu tun hat, was man im Hinblick auf Erörterung, Urteilsbildung oder andere Formen sprachlicher Kommunikation als ‚gut' bezeichnen würde, sehr viel dagegen mit der Wirkungsweise von Bildern." (Postman 1998, S. 111) Für Postman ist das Fernsehen eine „Bahn in den Stumpfsinn" (Postman 1988, S. 189), und die Kultur ist ernstlich bedroht, wenn „das geschriebene oder gesprochene Wort Misstrauen erregt oder Anforderungen an unsere Aufmerksamkeit stellt, die wir nicht erfüllen können" (ebd., S. 198). Und das, so Postmans pessimistische Prophezeiung, passiert – weil die Bildkultur die Wortkultur verdrängt.

2 Das Fernsehen / Die Bildkultur

Dass Bilder in unserem Alltag heute einen höheren Stellenwert einnehmen als die Schrift, sieht Postman nicht erst in der Erfindung des Fernsehens begründet. Bereits durch das Aufkommen der Daguerrotypie (einem photographischen Verfahren, das noch keine Vervielfältigung erlaubte) und später der Photographie im 19. Jahrhundert habe die Bedeutung des Bildes als Kommunikationswerkzeug zugenommen. Die neuen Bildformen waren bereits damals mehr als eine Ergänzung der Sprache, sie waren „…vielmehr bestrebt, die Sprache als unser wichtigstes Instrument zur Deutung, zum Begreifen und Prüfen der Realität zu ersetzen." (Postman 2000, S. 95). Als Beispiel für diese „optische Revolution" nennt er die Werbung, die dazu geführt haben soll, dass Magazin- und Zeitungsleser Bilder als neue Überzeugungsgrundlage wählten (ebd., S. 96). Auch die Nachrichten sollten durch die Ergänzung mit Bildmaterial einen neuen Kontext eingehen, den Postman jedoch negiert und als illusorisch bezeichnet. (ebd.)

Der massive Eintritt der Bildmedien in die Schriftkultur brachte laut Postman eine neue Welt hervor: eine „Guckguck-Welt" voller Beliebigkeit. Diese neue Welt fördert weder Zusammenhänge noch Bedeutung, ist allerdings unterhaltsam, und diese Unterhaltsamkeit wurde durch das Fernsehen noch verstärkt. (vgl. ebd., S. 99)

Die größte Gefahr der Guckguck-Welt sieht Postman im Einfluss des Fernsehens auf unseren Blickwinkel: „Wir zweifeln nicht an der Realität dessen, was wir im Fernsehen sehen", behauptet er und meint damit pauschalisierend mindestens alle Amerikaner (ebd., S. 101). Die vom Fernsehen vermittelte Welt sollte uns eigentlich bizarr erscheinen, stattdessen empfinden wir sie als natürlich. Das Fernsehen hat den Status eines Mythos erlangt, wie ihn Roland Barthes formuliert hat. (vgl. ebd., S. 100)

Robier entdeckt in Postmans Ablehnung der Bildkultur Züge seiner religiösen Erziehung. Das alttestamentarische Gebot „Du sollst dir kein Bildnis machen" wird von Postman auch besonders hervorgehoben: „Uns, die wir heute im Begriff sind, eine wortbestimmte Kultur in eine bildbestimmte Kultur zu verwandeln, könnte die Besinnung auf dieses mosaische Gebot durchaus von Nutzen sein." (Postman 2000, S. 18) Robier bezeichnet Postman deshalb als einen Ikonoklast (also als einen Bilderfeind) und erinnert an seine jüdischen Wurzeln sowie seinen Hang zum protestantischen Konservatismus: „Sowohl die jüdische als auch die protestantische Religion zeichnen sich durch eine Dominanz des Wortes und eine Abneigung gegen das Bild aus, die beide ihren Ursprung im alten Testament haben." (Robier 2000, S. 86)

Der Medienforscher Werner Faulstich sieht in Kulturkritik überhaupt ein „religiöses Bedürfnis" und eine „Sehnsucht nach Transzendenz" (vgl. Faulstich 2000, S. 186):

> „Jeweils im Anschluß an eine vollzogene Medienrevolution, einen durchgesetzten kulturellen Paradigmawechsel wird verzweifelt Ausschau gehalten nach einem weltanschaulichen Halt außerhalb des neuen Medien- und Kultursystems, außerhalb des neuen Paradigmas, um die brüchig gewordene Identität doch noch zu retten." (ebd.)

Unabhängig von möglicherweise religiös beeinflussten Ansichten unterstellt Postman der Bildkultur des Fernsehens eine Unterlegenheit gegenüber der Wortkultur des Buchdrucks, weil die Guckguck-Welt einen Unterhaltungskontext erschaffe, der keinen Raum mehr für etwas anderes lässt. Das läge schon im Wesen des Mediums, das „...den Gehalt von Ideen unterdrücken muß, um den Ansprüchen optischer Anziehungskraft, das heißt: den Wertmaßstäben des Showgeschäfts, zu genügen." (Postman 2000, S. 115) Mehr noch, nicht nur unterdrückt das Fernsehen Ideen, sondern gar das Denken an sich, denn, wie Postman bemerkt: „Denken kommt auf dem Bildschirm nicht gut an." (ebd., S. 114)

Deshalb würden auch Sendungen, die auf ernsthafte Themen ausgerichtet sind, wie etwa politische Talkshows oder Experten-Gesprächsrunden, nur auf die Wirkung der Teilnehmer auf die Zuschauer ausgerichtet. Obwohl Postman zugibt, dass sich das Fernsehen durchaus bemühe „intellektuellen Stil und die Tradition des Buchdrucks zu bewahren" (ebd., S. 115) – und damit ist vor allem der von ihm, wie erwähnt, hochgelobte öffentliche Diskurs des 19. Jahrhunderts gemeint – behauptet er weiter, dass diese Sendungen so ins Programm integriert würden, dass „sie mit Sendungen von großer optischer Anziehungskraft nicht konkurrieren, denn sonst würde sie niemand anschauen." (ebd.)

Auch mit dieser Aussage meint Postman pauschalisierend alle Fernsehzuschauer. Aber gibt es „den" Fernsehzuschauer? Maletzke bemerkt ein „starres, mechanistisches Menschenbild" (vgl. Maletzke 1988, S. 112) bei Postman und anderen Kritikern. Dadurch verkenne man, dass

> „... die Rezipienten mit den Aussagen der Medien auf eigene, subjektive Art und Weise umgehen, dass also viele Menschen das, was im Fernsehen gezeigt wird, oft ganz anders wahrnehmen, erleben, interpretieren und darauf ganz anders reagieren, als das die Kommunikatoren, Forscher und Kulturkritiker aus ihrer Sicht heraus annehmen und erwarten." (ebd.)

Für Postman bedeutet das Fernsehen eher Passivkonsum, der „minimale Anforderungen an das Auffassungsvermögen" stellt (Postman 2000, S. 109). Robier zeigt auf, dass Postmans Argumentation der heute als veraltet geltenden Reiz-Reaktions-Theorie folgt (Robier 2000, S.120, vgl. auch Jäckel 1999, S. 60f). Heute würde jedoch eher die umgekehrte Frage untersucht, nämlich was die Menschen mit den Medien machen, wie es der Nutzen- und Belohnungsansatz propagiert. (Robier 2000, S. 120)

3 Bildkultur vs. Wortkultur

Noch im Jahr 1990 sah Neil Postman im Fernsehen eine sehr reale Gefahr für die Zukunft des Buchdrucks. In einer Rede vor der Gesellschaft für Informatik in Stuttgart betonte er, dass neue Technologien manchmal mehr zerstören als kreieren würden. Seinen Pessimismus drückte er in einem Beispiel aus: „School teachers, for example, will, in the long run, probably be made obsolete by television, als blacksmiths were made obsolete by the automobile, as balladeers were made obsolete by the printing press." (Postman, Neil: Informing ourselves to death (o.J.). http://world.std.com/~jimf/informing.html [04.02.03]) Fünf Jahre später relativierte er diese Vision: „Manchmal zerstört das neue Medium, das im Konkurrenzkampf gesiegt hat, das alte nicht ganz, sondern zwingt es, seine Form und Funktion zu verändern." (Postman 1995, zit. nach Robier 2000, S. 70). Das heißt: für Postman hatte die Bildkultur die Wortkultur des Buchdrucks nun bereits besiegt, wenn auch noch nicht gänzlich verdrängt. Doch dafür gibt es bei vielen anderen Wissenschaftlern keine Anzeichen. Im Gegenteil gehen laut Robier die Ansichten der Medienwissenschaft dahin, dass beim Aufkommen eines neuen Mediums neue „mediale Kontexte" entstehen, die für eine Umstrukturierung der Aufgaben des alten Mediums sorgen. (Robier 2000, S. 70f).

Der Medienwissenschaftler Peter Ludes hält die Wechselwirkungen zwischen den Medien sogar für eine Antriebskraft in der interdisziplinären Forschung von Medien- und Kommunikationswissenschaft. (vgl. Ludes 1998, S. 75f)

Die scheinbar logische Konsequenz aus den Verdrängungs-Befürchtungen bei Postman und anderen Kritikern wäre, dass Fernsehen zu einem Rückgang von Leselust und damit auch zu schwindender Bildung führt. Forschungen in dem Bereich ergeben heute vielfach eine Tendenz zur Wissenskluft-Hypothese, oder, wie es Robier vereinfacht nennt: „Duch die Art ihres Umgangs mit den Massenmedien werden die Klugen immer klüger und die Dummen immer dümmer." (Robier 2000, S. 127) Die Wissenskluftforschung wird jedoch noch als nicht sehr zusammenhängend bezeichnet. (vgl. Kübler 2000, S. 80) Auch andere Fernseh-Forschungen kommen zu dem Ergebnis, dass trotz immer noch existentem Analphabetismus in unserer Gesellschaft die Ursachen hierfür nicht unbedingt im Fernsehen gesucht werden können, da es „keinen kausalen Zusammenhang zwischen (Quasi-) Analphabetismus und Fernsehkonsum" gäbe. (Robier 2000, S. 124)

Für Postman ergibt sich die Verdummung der Fernsehzuschauer nicht allein aus ihrer sinkenden Bereitschaft zu lesen, sondern auch im Unterhaltungscharakter des Fernsehens. Unterhaltung sei zwar nicht grundsätzlich zu verurteilen, problematisch am Fernsehen sei jedoch, dass „es jedes Thema als Unterhaltung präsentiert". (Postman 2000, S. 110) Daraus ergibt sich beispielsweise, dass wir die – für Postman wertlosen (vgl. ebd., S. 124) – Nachrichten nicht ernst zu nehmen bräuchten. (ebd., S. 110) Der Grund dafür: gutaussehende Moderator/innen und Nachrichtensprecher/innen präsentieren angeblich kontextlose und zerstückelte Nachrichten. Zudem hängt seiner Ansicht nach die Glaubwürdigkeit der Nachrichten von der Glaubwürdigkeit des Sprechers ab (vgl. ebd., S. 126). Der Sprecher würde diese Glaubwürdigkeit allein durch sein Äußeres vermitteln. Reines Schauspiel also? Für Postman steht jedenfalls fest, dass eine Nachrichtensendung „...eine kunstvolle schauspielerische Darbietung ist." (ebd., S. 128) Da im Fernsehen alles nur noch im Kontext der Unterhaltung präsentiert wird, und da „Denken keine darstellende Kunst" ist (ebd., S. 114), muss das Fernsehen also zwangsläufig, wie bereits erwähnt, eine „Bahn in den Stumpfsinn" sein. (Postman 1988, S. 189) Postman findet es besonders bedenklich, dass sich die Fernsehzuschauer an die „Diskontinuität" (ebd., S. 130) des Fernsehens gewöhnt hätten. Die bei Postman häufige Stereotypisierung der Zuschauer kritisiert Robier mit Hinweis auf eine Studie von Dieter Prokop, die er wie folgt zusammenfasst: „Fernsehkonsum als solcher macht nicht dümmer, sondern ist seinem Umfang nach als Ausdruck der Sozialisation, der finanziellen Situation und der kognitiven Fähigkeiten des individuellen Zusehers zu betrachten." (Robier 2000, S. 127)

4 Resümee

Der kulturelle Wert von Fernsehunterhaltung ist zweifellos ein Thema von hohem Diskussionswert. Doch scheint es dabei wenig nützlich, sich wie Neil Postman auf Indizien, Pauschalisierungen und kaum belegte Behauptungen über die Wirkungsweise des Mediums zu stützen. Obwohl sich Postman in den letzten Jahren immer mehr von einem „Fernsehkulturkritiker zum Technikkulturkritiker" (Robier 2000, S.137) gewandelt hat, sind seine Thesen von der Verdrängung der Wortkultur durch eine vom Fernsehen bestimmte Bildkultur noch immer weit verbreitet und werden gern zitiert. Und da heutzutage die Unterhaltungsangebote des Fernsehens immer fragwürdiger werden, werden Postmans Postulierungen sicher auch weiterhin aktuell bleiben. Paradoxerweise vielleicht auch gerade deshalb, weil der Erfolg seiner Bücher möglicherweise in der Tatsache begründet liegt, dass diese amüsant und unterhaltsam geschrieben sind: „Man amüsiert sich, wenn man Postmans Schriften liest, und dieses Amüsement manifestiert sich einerseits in hohen Auflagenzahlen [...] sowie andererseits in seinen sehr ansehnlichen Vertragshonoraren." (Robier 2000, S. 133)

Die vorliegende Arbeit hat versucht, Postmans These von der verdrängten Wortkultur kritisch zu betrachten und aufzuzeigen, dass seine zwar anschaulich verfassten Ideen zur Bild- und Schriftkultur wissenschaftlichen Maßstäben nicht immer genügen. Seine von Mono-Kausalität geprägten Ansichten über Medienwirkungen hat die Kommunikationswissenschaft bereits lange hinter sich gelassen. (vgl. Maletzke 1988, S. 107) Eine dauerhafte Verdrängung eines Mediums durch ein anderes ist bisher nicht abzusehen, im Gegenteil koexistieren Schrift und Sprache, Film und Schrift, Fernsehen und Film usw. Auch wenn Auswirkungen des Mediums Fernsehen auf die Kultur (und somit auf die Gesellschaft) nicht abzustreiten sind, ist doch die Buchkultur, das Buch selbst noch lange nicht untergegangen – eine Tatsache, die das fortlaufende Interesse an Neil Postmans Schriften wohl nur unterstreicht.

Literatur

Faulstich, Werner (2000). *Medienkulturen*. München: Fink

Hautzinger, Nina (1999). *Vom Buch zum Internet?* St. Ingbert: Röhrig Universitätsverlag

Jäckel, Michael (1999). *Medienwirkungen*. Opladen/Wiesbaden: Westdeutscher Verlag

Ludes, Peter : *Einführung in die Medienwissenschaft*. Berlin: Erich Schmidt Verlag

Maletzke, Gerhard (1988). *Kulturverfall durch Fernsehen?* Berlin: Wissenschaftsverlag Volker Spiess

Postman, Neil (o.J.). *Informing ourselves to death.* http://world.std.com/~jimf/informing.html. Letzter Zugriff 04.02.03

Postman, Neil (1988). *Die Verweigerung der Hörigkeit*. Frankfurt a.M.: Fischer

Postman, Neil (2000, 14. Aufl.). *Wir amüsieren uns zu Tode*. Frankfurt a.M.: Fischer Taschenbuch Verlag

Robier, Ingomar (2000). *Die Wortkultur und ihre Widersacher*. Frankfurt a.M.: Peter Lang

BEI GRIN MACHT SICH IHR WISSEN BEZAHLT

- Wir veröffentlichen Ihre Hausarbeit, Bachelor- und Masterarbeit

- Ihr eigenes eBook und Buch - weltweit in allen wichtigen Shops

- Verdienen Sie an jedem Verkauf

Jetzt bei www.GRIN.com hochladen und kostenlos publizieren